Gabriele Wollenheit

Fensterbäume zur Weihnachtszeit

Fensterbäume zur Weihnachtszeit

Inhalt

3 Fensterbäume bauen oder kaufen?

4 Material und Werkzeug

5 Grundtechniken

5 Bemalung

6 Bevor Sie beginnen...

7 Advent, Advent...

9 Kleine Schneeprinzessin

12 Brokatengel

14 Fröhliche Winterbär-Zeit

16 Glitzersternchen

18 »Gefüllte« Weihnachtsringe

20 Friesenkranz

22 In Eis und Schnee

24 Schneesternchens Mondgeflüster

26 Friesen-Weihnacht

28 Schäfchenwolken

30 Mini-Fensterbäumchen

32 Impressum

Fensterbäume bauen oder kaufen?

Zunächst benötigen Sie für Ihren Fenster- oder Friesenbaum das Grundgerüst, das anschließend mit den gewünschten Motiven ausgestaltet wird.

Bastelgeschäfte bieten inzwischen eine große Auswahl an fertigen Modellen an – naturbelassen oder bunt bemalt, klein oder groß, hängend oder stehend. Allerdings sind diese, je nach Form und Material, teilweise nicht gerade preiswert.

Es bietet sich daher an, den Baum selber zu bauen – zumal die Anfertigung auch für handwerklich Ungeübte keine große Schwierigkeit darstellt. Die Anleitung hierzu finden Sie bei den jeweiligen Objekten und auf der hinteren Umschlaginnenseite.

Das wird gebraucht

Material und Werkzeug

Die in diesem Buch vorgestellten Baummotive sind entweder aus Papier – vorwiegend Tonkarton – oder Sperrholz gearbeitet. Das entsprechende Zeichen bei der Anleitung (Schere oder Säge) zeigt das verwendete Material an. Sind beide Zeichen abgebildet, haben Sie die Wahl zwischen beiden Materialien.

Papierarbeiten

Die meisten Papiermotive in diesem Buch sind aus Tonkarton in den verschiedensten Farben gebastelt.

Darüber hinaus benötigen Sie folgende, im Hobby- und Schreibwarenhandel erhältliche Materialien:

Holzarbeiten

Für die Anfertigung von Holzmotiven benötigen Sie Sperrholz der Stärke 4 bis 10 mm. Achten Sie schon beim Kauf darauf, dass die Reste oder Holzplatten eine möglichst glatte Oberfläche aufweisen. Raue Sorten bringen viel Schleifarbeit mit sich, die letztlich meist doch nicht zum eigentlich erforderlichen Ergebnis führt.

Das wird gebraucht

Alu-Goldfolie
Wellkarton
Strohseide
Transparentpapier

Zur Bearbeitung benötigen Sie folgende Hilfsmittel:
Bleistift
Lineal
Cutter
Papierschere
Nagel- oder Silhouettenschere
Klebstoff

Außerdem werden folgende Werkzeuge gebraucht:
Laubsägebogen mit
 Sägeblättern in verschiedenen Stärken
Laubsägetischchen mit Schraubklemme
Schleifpapier grob und fein
Minibohrmaschine oder Akkubohrer mit
 Bohrern in diversen Größen
Bleistift
Zirkel
Lineal
Heißklebepistole
Seitenschneider

Grundtechniken

Übertragen der Vorlagen auf Holz und Papier

Legen Sie einen Bogen **Graphitpapier** mit der dunklen Seite nach unten auf das Holz oder den Tonkarton. Mit einigen Pinnnadeln darüber die Vorlage befestigen. Nachdem Sie alle Linien mit Bleistift nachgezogen und beide Bogen entfernt haben, ist das Motiv auf der Unterlage sichtbar.

Bei mehrmaligem Nachzeichnen desselben Motivs wird jedoch die Vorlage beschädigt. Es empfiehlt sich daher, zum Durchzeichnen mit einer oder gleich mehreren Kopien der gewünschten Motive zu arbeiten.

Schleifen der Holzteile

Dieser Arbeitsgang ist unumgänglich, wenn eine saubere und detailgenaue Bemalung erzielt werden soll. Der Aufwand lohnt sich also.

Zunächst schleifen Sie mit grobem, anschließend mit feinem **Schmirgelpapier** oder einem **Schleifschwamm** kreuz und quer über das Werkstück; dabei die Kanten nicht vergessen. Der letzte Schliff verläuft immer im Faserverlauf. Danach müssen Sie das Werkstück gut entstauben. Dafür eignet sich ein **Borstenpinsel** oder **fusselfreies Tuch** (z. B. ein Ledertuch).

Bemalung

Zur farbigen Gestaltung vor allem der Holzmotive benötigen Sie qualitativ gute **Pinsel** und Farben.

Ein dicker Haarpinsel für größere Flächen und je ein Pinsel in den Größen 0, 2 und 6 sind für die Arbeiten in diesem Buch ausreichend.

Alle Holzobjekte und – wo nötig – auch der Tonkarton wurden mit »Marabu-**Decormatt**«-**Farben** bemalt. Diese sind lichtecht, wasserlöslich, decken gut, lassen sich leicht vermalen und trocknen sehr schnell.

Für lasierende Effekte verdünnen Sie etwas Farbe mit Wasser. Verwenden Sie hierfür ein kleines Gefäß. Nicht direkt auf dem Holz verdünnen! Sie können auch mehrere Farbtöne nass in nass vermalen und damit einen Aquarelleffekt erzielen.

Details und Innenlinien auf Tonkarton und zuvor bemaltem Holz wurden mit »edding **Brushpen**« eingezeichnet. Dieser Stift eignet sich deswegen ganz vorzüglich, weil damit gleichzeitig sowohl ganz zarte Linien als auch dickere Striche oder auch Flächen angelegt werden können. Für dunkle Untergründe bietet sich ein weißer, silberner oder goldener **Gelstift** an.

Bevor Sie beginnen...

Da die Fensterbäume frei im Raum hängen, sind Vorder- und Rückseite identisch ausgearbeitet. Des öfteren müssen deshalb Motive ein zweites Mal seitenverkehrt ausgeschnitten bzw. bemalt werden. Wenn Sie viel basteln, lohnt sich hierfür die Anschaffung eines Leuchttisches.

Immer wiederkehrende Vorarbeiten sowie Materialien und Werkzeuge, die zur Grundausstattung zählen, werden bei den jeweiligen Modellen nicht jedes Mal neu aufgeführt. Lesen Sie dazu auf den vorhergehenden Seiten nach.

Länge und Art der Aufhängung sind meist nicht angegeben. Hier ist die für Ihre Zwecke geeignete Lösung ausschlaggebend.

Bohrlöcher sind auf den Vorlagen eingezeichnet. Deren Platzierung am Werkstück ist in der Anleitung nicht extra beschrieben.

In der Materialliste sind keine spezifischen Farbtöne genannt, da die Bemalung beliebig variiert werden kann.

Zeichenerklärung

 = Holz

 = Tonkarton

Advent, Advent...

Vorlagenbogen Seite A

*... manch Lichtlein brennt! Doch nicht immer ist es ganz ungefährlich.
Diese Fensterbaumkerzen können auf keinen Fall Unheil anrichten.*

So wird's gemacht

Die Vorlagen für den Kerzenbaum, das Kerzenherz und den Kerzenstern finden Sie auf Seite 26 beim Modell »Friesen-Weihnacht«.

Ziehen Sie einen Faden durch die Schrauböse und hängen Sie den Baum so auf, dass Sie gut daran weiterarbeiten können.

Weihnachtsbäume mal ganz anders

Das wird gebraucht

Fensterbaum
1 Rundholz, 45 cm lang, 15 mm Ø, als Mittelstab
1 Rundholz, 20 cm lang, 6 mm Ø
1 Rundholz, 42 cm lang, 6 mm Ø
1 Rundholz, 58 cm lang, 6 mm Ø
1 Holzkugel, 30 mm Ø, auf den Mittelstab geklebt
1 Schrauböse, in die Holzkugel gedreht
6 Holzkugeln, 14 mm Ø, auf die Querstabenden gesteckt
Farbe rot

Bauen Sie daraus nach der Skizze das Fensterbaumgestell (siehe auch hintere Umschlaginnenseite)

Motive
Sperrholz, 4 mm dick
Decormatt-Farben
1 Beutel Holzperlen rot, 10 mm Ø
1 Beutel Holzperlen natur, 10 mm Ø
20 Goldperlen, 6 mm Ø
Schleifenband, 5 cm breit
Samtfaden rot, getrocknetes Moos
Wickeldraht gold
2 Blumentöpfe, 45 mm Ø
10 Messingglöckchen, 8 mm Ø
Glittergel rot, grün, gold
Glitzerdraht rot und gold
künstliche Tannengrünspitzen
feste Pappe für Moossterne

hängeöse ein. Pro Stern werden fünf Goldperlen auf Samtfaden aufgefädelt; knoten Sie diesen um eine Sternspitze und befestigen Sie an jedem Fadenende ein Glöckchen.

Zum Aufhängen der bemalten Tontöpfchen knoten Sie ein Stück Streichholz in den Faden und stecken es durch das Loch im Boden. Perlen auffädeln und am Gerüst befestigen.

Um die mit Kerzen und Kugeln bemalte Tanne legen Sie ein Stück Band. Verknoten und an jedes Ende ein Äpfelchen kleben. Die doppelte Holzglocke erhält zwei Messingglöckchen als Klöppel.

Sind alle Motive mit den aufgefädelten Perlen am Fensterbaum angehängt, werden die Kerzen mit Tannengrün weihnachtlich dekoriert. Das Schleifenband und den Glitzerdraht legen Sie um

Zunächst kleben Sie die Kerzen auf. Die ausgeschnittenen Pappsterne werden mit Moos umwickelt; arbeiten Sie dabei an einer Spitze ein Stück Draht als Auf-

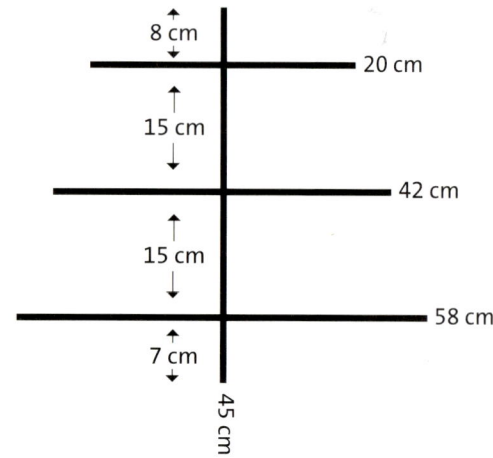

Kleine Schneeprinzessin

die Mittelachse und binden mit dem Draht das Band an den Kreuzungspunkten ab. Eine dicke Schleife am unteren Ende vervollständigt das Ganze.

Kleine Schneeprinzessin

Vorlagenbogen Seite A

Im tief verschneiten Winterwald warten die feengleichen Schneeprinzessinnen auf den Heiligen Abend.

Das wird gebraucht

Fensterbaum
Leisten 10 x 2 mm in folgenden Längen:
  Mittelstab 50 cm
  Querstäbe 43 cm, 36 cm, 29 cm, 22 cm
Farbe weiß

Motive
Tonkarton silber
Tonkarton weiß
Wellkarton weiß
Strohseide weiß
Relieffarbe weiß
Glittergel silber
künstlicher Pulverschnee
Perlenkette weiß, 3 mm Ø
Geschenkband weiß, 2 cm breit
Geschenkband silber, 5 mm breit
18 Pompons weiß, 5 mm Ø
Sternzwirn weiß
1 Beutel Holzperlen weiß, 3 mm Ø
Silberglitterfäden
Tonpapierstanzer Schneekristall
Heißkleber
Uhu
Holzleim

• Tipp •

Die Mini-Lebkuchen auf dem Tannengrün können Sie aus Salzteig oder selbst härtender Modelliermasse leicht herstellen.
Etwas Glittergel auf den Flammen lässt diese beinahe echt wirken!

Weihnachtsbäume mal ganz anders

So wird's gemacht

Zuerst schneiden Sie aus Wellkarton zweimal den Baum zu. Legen Sie ein Teil mit der geriffelten Seite flach auf den Tisch und ordnen Sie auf der oben liegenden ebenen Seite die aus der Leiste gesägten Stäbe an. Nun fixieren Sie die Querleisten mit Heißkleber auf der Mittelachse und gleichzeitig am Baum. Zweiten Baum deckungsgleich aufleimen. Der Stamm wird mit einer Schleife dekoriert. Aus dem silbernen Tonkarton schneiden Sie ein beliebig geformtes Bodenteil und kleben es unten an den Baumstamm.

Die große Prinzessin wird auf den weißen Tonkarton gezeichnet und mit einem etwa 2 cm breiten Rand grob ausgeschnitten. Bestreichen Sie beide Seiten mit Holzleim und ziehen Sie die Strohseide auf. Nach dem Trocknen die Prinzessin nochmals aufzeichnen und dann exakt ausschneiden. Auf die Mütze kleben Sie von beiden Seiten einen Pompon. Das Gesicht mit Filzstift aufzeichnen. Die kleinen Prinzessinnen sind nur aus weißem Tonkarton gefertigt, die Mützen werden ebenfalls mit Pompons beklebt. Für alle Figuren gilt: Innenlinien mit Silberglitter aufmalen. Bei Haaren und Rocksaum zuerst Uhu auftragen und dann den Pulverschnee darüber streuen. Etwas andrücken. Den Überschuss vorsichtig abbürsten. Zum Schluss mit Relieffarbe viele kleine Tupfen aufsetzen.

Nachdem die Prinzessinnen auf dem Fensterbaum arrangiert sind, legen Sie die Perlenkette zu einer Schleife und binden diese mit weißem Zwirn ab. Die Enden des Zwirns ziehen Sie durch die beiden Löcher im Bauch der großen Prinzessin und verknoten sie auf der Rückseite.

Jetzt werden Baum und Bodenteil mit Glitterfäden, Schnee, ausgestanzten Schneekristallen und Relieffarbtupfen beliebig verziert. Die Holzperlen an verschieden lange Zwirnsfäden knüpfen und an die Querstäbe hängen. Die Querstäbe mit Heißkleber bestreichen und sofort mit Pulverschnee und Glitter bestreuen. An den Enden je eine Schleife befestigen.

• Tipp •

Die hinter dem Baum überstehende Spitze der Mittelachse kann z. B. mit einem silbernen Stern verziert werden.

Kleine Schneeprinzessin

Weihnachtsbäume mal ganz anders

Brokatengel
Vorlagenbogen Seite A

Legen Sie Wert auf eine stimmungsvolle, festliche Weihnachtsdekoration im Raum? Dann werden Ihnen die niedlichen Brokatengel und der antik dekorierte Friesenbaum viel Freude bereiten.

Das wird gebraucht

Fensterbaum
fertig gekauftes dreiarmiges Modell mit Endkugeln, Höhe 50 cm, gold bemalt
1 zusätzliches Rundholz mit gleichem Durchmesser wie die Querstäbe

Motive ✂
Tonkarton mattgold für die großen Engel
Tonkarton in verschiedenen Brauntönen für die kleinen Engel
Tonkarton hellbeige für das Gesicht
Wellkarton gold glänzend für die Flügel
Alu-Goldfolie für den Heiligenschein
verschiedene goldene Bänder, 3 bis 5 mm breit, je etwa 15 cm lang
Glittergel gold
1,50 m Brokatlitze, 1 cm breit, zum Aufhängen der Engel
1,30 m Goldkordel
0,80 m durchbrochenes Geschenkband, 5 cm breit
Goldglitzerdraht
künstliche Lärchenzweige
einige Spitzen gold besprühter künstlicher Lebensbaum (Thuja)
Heißkleber

So wird's gemacht

Beim Fensterbaum den kürzesten Querstab entfernen. Den längsten Stab in die obere Bohrung und den mittleren in die mittlere Bohrung stecken. Das zusätzliche Rundholz sägen Sie in der Länge des obersten Stabes zu und schieben es in die untere Bohrung.

Nun nehmen Sie die Goldkordel zur Hälfte und legen sie am oberen Ende um den Mittelstab. Je einen Strang rechts und links um den mittleren Querstab winden, mit Heißkleber fixieren; anschließend zum unteren Ende des Mittelstabes führen und dort festknoten. Die Lärchenzweige an der Mittelachse und auf den Querstäben arrangieren und festkleben. Am oberen Ende der Mittelachse das Geschenkband fixieren, um den Stab winden, überschüssige Länge abschneiden, eine Schleife daraus binden und zusammen mit dem Goldglitzerdraht am Gestell festknoten. Die goldenen Lebensbaumspitzen kleben Sie auf die Kreuzungspunkte.

Beim Basteln der Engel kleben Sie zunächst den Heiligenschein und die Flügel auf den großen Engel. Danach den kleinen Engel auf den großen und das bemalte Gesicht auf den kleinen Engel kleben. Jeden Engel ziert eine Schleife aus Goldband um den Bauch. Außerdem bemalen Sie einzelne Partien mit Glittergel. Mit der Brokatlitze werden die Engel an das Gestell gehängt.

Brokatengel

Weihnachtsbäume mal ganz anders

Fröhliche Winterbär-Zeit

Vorlagenbogen Seite A

Auch bei winterlichen Temperaturen muss einem die gute Laune nicht vergehen. Ändern Sie beim Zusammenbau des »Turnbärs« die Stellung von Armen und Beinen, kann er sogar Handstand machen oder andere lustige Posen einnehmen.

Das wird gebraucht

Fensterbaum
fertig gekauftes dreiarmiges Modell mit Endkugeln, Höhe 50 cm, blau bemalt

Motive ✂
Tonkarton hell blaugrau für den Körper
Tonkarton weiß für Pfoten, Fußsohlen und Ohrmuschel
Tonkarton silber für die Mütze
Tonkarton hellgrau für die Schnauze
32 Holzperlen weiß, 3 mm ⌀
0,80 m blau-goldene Kordel
1,50 m Geschenkband gold, 5 cm breit
Reliefffarbe weiß für die Mütze
Filzstreifen weiß für den Schal, etwa 5 mm breit und 15 cm lang
8 Pompons weiß, 8 mm ⌀
Samtfaden weiß
4 Balance-Kerzenhalter gold
4 Kerzen weiß
Goldlametta, glatt und gekraust
Heißkleber
Sekundenkleber

So wird's gemacht

Mütze, Ohren, Schnauze, Pfoten und Fußsohlen auf die Körperteile kleben. Anschließend das Gesicht aufmalen, die Pompons aufkleben und den Filzschal umbinden. Arme und Beine binden Sie mit dem Samtfaden so an den Körper, dass sie noch beweglich bleiben. Auf die Fadenenden je eine Perle schieben und mit Sekundenkleber fixieren. Die Mütze bemalen Sie mit der Reliefffarbe.

Kleben Sie nun die Bärchen mit Heißkleber in verschiedenen Posen auf die Querstäbe. Danach die Kerzenhalter anhängen und ebenfalls mit Heißkleber befestigen.

Um die Mittelachse winden Sie das Band und die Kordel. Eine dicke Schleife und drei Büschel Lametta vervollständigen den Fensterbaum.

Fröhliche Winterbär-Zeit

Weihnachtsbäume mal ganz anders

Glitzersternchen

Vorlagenbogen Seite A

Blau, weiß und silber – in dieser Farb-kombination werden sogar einfache Sterne zur winterlichen Pracht.

Das wird gebraucht

Fensterbaum
1 Rundholz für die Mittelachse, 50 cm lang, 12 mm Ø
3 Querstäbe (Rundholz), je 31 cm lang, 6 mm Ø
6 Endkugeln, 15 mm Ø
Farbe silber

Motive ✂
Tonkarton dunkelblau
Tonkarton weiß
Tonkarton silber
Strohseide weiß
Glittergel silber
0,80 m Geschenkband dunkelblau, 8 cm breit
0,80 m Geschenkband weiß, 5 cm breit
0,80 m Geschenkband silber, 3 cm breit
0,80 m Geschenkband dunkelblau mit weißen Punkten, 5 mm breit
Silberlitze, 3 mm breit
14 Holzperlen dunkelblau, 8 mm Ø
14 Holzperlen weiß, 8 mm Ø
14 Metalloliven silber
1 Beutel Kunststoffsterne silber
Watte
Holzleim
Kleber

So wird's gemacht

Die Querstäbe des Fensterbaumes seitlich verschoben einkleben (siehe Abbildung). Nun bestreichen Sie den weißen Tonkarton mit Holzleim und beziehen ihn mit der Strohseide. Aus den verschiedenen Tonkartonsorten schneiden Sie nach den Angaben in der Vorlage insgesamt 30 Sterne zu. Auf den großen Stern auf Vorder- und Rückseite je einen mittleren und darauf einen kleinen Stern kleben (Farbfolge siehe Abbildung). Alle Sternspitzen werden mit einem Tupfer Glitter dekoriert.

Knoten Sie die Silberlitze an die Sterne, fädeln Sie je eine weiße und blaue Holzperle sowie die silberne Olive auf. Dann die Sterne an die Enden der Querstäbe hängen, die restlichen Perlen ebenfalls auf Litze fädeln und anhängen. Die große Tonkartonwolke mit Watte bekleben und zusammen mit den kleinen Wattewölkchen auf dem Fensterbaum verteilen.

Legen Sie jetzt alle vier Geschenkbänder aufeinander: das breiteste Band zuerst, das schmalste obenauf. Führen Sie diesen Strang an der Mittelachse entlang und binden Sie ihn an den Kreuzungspunkten mit Litze fest. Die Drahtspirale wird um den Stab gewunden und unten und oben durch eine silberne Schleife gehalten. Zum Schluss noch einige silberne Kunststoffsterne aufkleben.

Glitzersternchen

Weihnachtsbäume mal ganz anders

»Gefüllte« Weihnachtsringe

Vorlagenbogen Seite A

Der reizende Inhalt dieser Ringe zieht alle Blicke auf sich. Mit seiner schlanken Form passt dieses Objekt besonders gut in schmale, hohe Fenster!

Das wird gebraucht

Fensterbaum
Leisten, 19 x 2 mm in folgenden Längen:
  Mittelstab, 55 cm
  3 Querstäbe, je 28 cm
Farbe grün

Motive
Tonkarton silber
Tonkartonreste dunkelgrün, dunkelbraun,
  dunkelblau, weiß, gelb, rot, schwarz
Wellkartonrest gold
Relieffarbe weiß
Glittergel in verschiedenen Farben
1,20 m Schleifenband blau, 6 cm breit,
  mit goldenen Sternen
1,20 m Juteband rot, 10 cm breit
Schleifenband gold, 5 cm breit
verschiedene Schleifenbandreste
1 Messingglocke
36 Goldperlen
Sternzwirn
Glitzerdraht
Schneemannstanzlinge
künstliche Tannengrünspitzen
Dekoteile (Äpfel, Beeren, rote Sterne o. ä.)
12 Kunststoffsterne silber, 15 mm Ø
Heißkleber

So wird's gemacht

Für den Fensterbaum kleben Sie die Querstäbe in gleichmäßigem Abstand auf die Mittelachse. Das Jute- und das blaue Band legen Sie zur Hälfte zusammen und machen genau im Knick einen kleinen Schnitt. Durch diese Öffnung stecken Sie das obere Ende der Mittelachse. Die Enden der Bänder zu Spitzen umlegen. Bevor Sie diese mit Heißkleber zusammenkleben, stecken Sie noch einige Schleifenbandreste und die Messingglocke dazwischen. Am oberen und unteren Ende der Mittelachse Schleifen aus Goldband und Glitzerdraht anbringen. Die Querstäbe werden mit Tannenspitzen und Dekoteilen dekoriert. Die silbernen Sternchen an die Enden kleben.

Nachdem Sie alle Ringe, Schleifen und Motive ausgeschnitten haben, »füllen« Sie die Grundformen mit den Anhängseln. Vergessen Sie nicht, die Goldperlen mit aufzufädeln!

Dann verbinden Sie die Anhänger mit den Schleifen und dekorieren alles mit Glittergel, Filzstift und Relieffarbe. Die fertigen Motive direkt neben den Silbersternchen an die Stäbe knoten.

• Tipp •

Wickeln Sie den Glitzerdraht auf einen Bleistift. Fertige Spirale vorsichtig abnehmen und leicht auseinander ziehen.

»Gefüllte« Weihnachtsringe

Weihnachtsbäume mal ganz anders

Friesenkranz

Vorlagenbogen Seite C

Passend zur Weihnachtszeit verwandelt sich diese Dekoration in einen Kranz, der den ganzen Winter hindurch aktuell bleibt.

Das wird gebraucht

Fensterbaum
Leisten, 10 x 2 mm in folgenden Längen:
- 1 Leiste, 38 cm
- 2 Leisten, 22,5 cm

1 Holzring, 38 cm Ø (außen), 37,5 cm Ø (innen), 10 mm dick
(Falls Sie den Ring im Bastelladen nicht bekommen können, sägen Sie ihn aus einer 10 mm starken Sperrholzplatte zu.)

Motive
Tonkarton rot, grün, weiß, schwarz
Relieffarbe weiß
Glittersternchen weiß
künstliches Tannengrün
Minibuchsgirlande
Glitzerdraht gold
5 Goldperlen, 10 mm Ø
Kunststoffsterne rot
1 Weihnachtsmannkopf
Glittergel rot, grün, gold
1 Beutel Pompons weiß, 7 mm Ø
Seidenblüten weiß, Gräser rot und Lebensbaumspitzen (Thuja) gold
Watte
Schleifenband rot, 4 cm breit
Schleifenband, 4 mm breit
Tüll rot mit weißen Punkten, 4 cm breit
Wickeldraht, Heißkleber

So wird's gemacht

Zuerst kleben Sie die 38 cm lange Leiste oben und unten bündig abschließend auf den Holzring. Die beiden kürzeren Querstäbe werden in gleichmäßigem Abstand auf die Längsleiste und den Ring geleimt. Die rechte Ringseite umwickeln Sie nun mit Tannengrün, Gräsern, Seidenblüten und Lebensbaum; als Dekor einige Pompons und Watteflöckchen auf das Grün kleben.

Legen Sie die Schleifenbänder übereinander und bilden Sie daraus eine dicke Schleife. Sie wird am unteren Ende des Kranzes angebunden. Die Buchsgirlande um die Längsachse winden, den Ring mit Tannenspitzen, Pompons und dem Weihnachtsmannkopf verzieren. Auf den Tannenspitzen befestigen Sie einige 15 bis 20 cm lange Goldglitzerdrähte, an deren Enden rote Sterne aufgeklebt und Goldperlen festgeknotet wurden.

Setzen Sie nun die ausgeschnittenen Tonkartonmotive zusammen. Schneemänner, Kirchendach und teilweise auch den kleinen Nikolaus mit Relieffarbe bemalen. Die Zylinder der Schneemänner werden schwarz gemalt oder aus Tonkarton ausgeschnitten. Einige weiße Tupfer und aufgeklebte Glittersternchen verzieren den Motivrahmen.

Mit dem 4 mm breiten Band hängen Sie die Motive auf. Zum Schluss kleben Sie noch einige rote Sterne auf den Holzring.

Friesenkranz

Weihnachtsbäume mal ganz anders

In Eis und Schnee

Vorlagenbogen Seite B

Einen Schneemann bauen, mit Skiern durch den Pulverschnee wedeln und dann noch eine Schlittenfahrt im Winterwald ... Davon lässt sich beim Anblick dieses eisigen Fensterbaumes herrlich träumen.

Das wird gebraucht

Fensterbaum
fertig gekauftes dreiarmiges Modell mit Endkugeln, Höhe 50 cm, weiß bemalt

Motive
Sperrholz, 4 mm dick
Decormatt-Farben
8 Holzperlen weiß, 8 mm Ø
Schleifenband, 4 mm breit, als Zugband für den Schlitten
Schleifenband weiß, 4 cm breit
2 Schaschlikspieße, je 13 cm lang, als Skistöcke
2 Holzräder oder -scheiben, 15 mm Ø
3-4 getrocknete Gräser
Schneevlies oder Watte
Schneefarbe
Samtfaden weiß
Tesafilm
Heißkleber

So wird's gemacht

Beim Fensterbaum die obere, kürzeste Querstange entfernen, dafür die mittlere Stange nach oben setzen. Befestigen Sie die beidseitig weiß bemalten Eiszapfen mit Heißkleber an den Querstangen und verzieren Sie die weißen Zapfen mit Schneefarbe. Nun fixieren Sie mit Heißkleber alle Bäume und Figuren auf den Stangen.

Die Skistöcke an einem Ende mehrmals mit Tesafilm umwickeln (Griff) und bemalen. Das Loch in der linken Hand des Skifahrers schräg von unten nach oben bohren, einen Skistock hindurchstecken und das Holzrad am spitzen Ende ankleben. Genauso verfahren Sie mit dem zweiten Stock. Auch die Stengel der Gräser werden von oben bis unten ganz mit Tesafilm umwickelt, bemalt und auf den Schneemann geklebt. Winden Sie außerdem das 4 mm breite Band um die Schlittenkufe und kleben Sie die Enden rechts und links am Pferd fest.

Durch die Bohrlöcher in den Eiszapfen ein Stück Samtfaden ziehen. Damit knoten Sie die fertig gebundenen weißen Schleifen fest. Auf die Samtfadenenden fädeln Sie einige Perlen und fixieren sie durch einen Knoten.

Zum Schluss kleben Sie noch einen schmalen Wattestreifen an die Oberkante der Eiszapfen.

In Eis und Schnee

Weihnachtsbäume mal ganz anders

Schneesternchens Mondgeflüster

Vorlagenbogen Seite B

Im warmen Schein des Kerzenlichtes glitzern Mond und Sterne in vertrautem Zwiegespräch.

Das wird gebraucht

Fensterbaum
fertig gekauftes dreiarmiges Modell mit Endkugeln, Höhe 45 cm, blau bemalt

Motive
Sperrholz, 4 mm dick, für den Mond
Decormatt-Farbe azurblau
Schneefarbe
Relieffarbe weiß
Schleifenband, 5 cm breit
3 glänzende Goldperlen mit 8, 10 und 12 mm Ø
je etwa 25 Holzperlen weiß und gold, 6 mm Ø
2 matte Goldperlen, 14 mm Ø
2 Kunststoffsternchen silber, 15 mm Ø
1 Teelichthalter aus Holz, bemalt
1 Kerze
Goldkordel
1 große Messingglocke
Goldwischpaste
Goldlametta
Glittergel gold und silber
Tonkarton gold, weiß, blau
Metallfolie gold

So wird's gemacht

Den kurzen und mittleren Querstab des Fensterbaumes verschieben Sie so weit nach links, bis beide bündig mit der Mittelachse abschließen. Der längste Stab wird nach rechts verschoben. Auf den blau bemalten Mond und Fensterbaum tragen Sie nun mit einem fusselfreien Lappen nach und nach Goldwischpaste auf. Außerdem tupfen Sie mit einem Borstenpinsel Gold- und Silberglittergel auf.

Legen Sie einen Mond flach auf den Tisch, richten Sie den Fensterbaum darauf aus und fixieren Sie ihn mit Heißkleber. Den zweiten Mond deckungsgleich aufkleben und die oberen und unteren Spitzen jeweils miteinander verkleben. Auf die untere Spitze setzen Sie den Teelichthalter und kleben die matten Goldperlen zur Stabilisierung darunter. An die obere Spitze wird ein doppelter Metallfolienstern mit Perlen gehängt. Die Augen des Mondes bestehen ebenfalls aus Foliensternen. Schleife, Goldkordel und Messingglocke befestigen Sie am Ende des Mittelstabes.

Die Schneesternchen zusammensetzen und mit den aufgefädelten weißen und goldenen Perlen an das Gerüst hängen. Die Kanten der Sterne mit Glittergel hervorheben.

Zwei kleine Lamettatuffs lassen den Friesenbaum glitzern und strahlen.

Schneesternchens Mondgeflüster

Weihnachtsbäume mal ganz anders

Friesen-Weihnacht

Vorlagenbogen Seite C

Weihnachten in der Heide ... Eine friedliche Szenerie, die bei goldenem Kerzenlicht besonders heimelige Atmosphäre verbreitet.

So wird's gemacht
Arrangieren Sie die Leisten wie in der Skizze angegeben und zeichnen Sie sorgfältig sämtliche Kreuzungspunkte an. Danach kleben Sie, am besten mit Heißkleber, alle Leisten an den markierten Punkten zusammen. Für die Aufhängung bohren Sie durch die bereits aufeinandergeklebten Leisten in der Spitze ein Loch und ziehen den Faden hindurch.

Anschließend werden die Kerzenhalter mit den Kerzen und die fertig gestellten Figuren auf den Quadratleisten befestigt. In die Unterkante der oberen Leiste drehen Sie die kleine Schrauböse, an der

Das wird gebraucht

Fensterbaum
1 Holzleiste, 15 x 5 mm, 57 cm lang, als Mittelstab
2 Holzleisten, 10 x 4 mm, je 68 cm lang, als Dachleisten
1 Quadratleiste, 14 x 14 mm, 53 cm lang, als oberer Querstab
1 Quadratleiste, 14 x 14 mm, 73 cm lang, als unterer Querstab
Bauen Sie daraus nach der Skizze das Grundgerüst.

Motive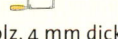
Sperrholz, 4 mm dick
Decormatt-Farben
4 Holzkerzenhalter, 4-5 cm Ø
4 dazu passende Kerzen
Schleifenband, 4 mm breit
1 Messingglöckchen, 19 mm Ø
2 Goldperlen, 8 mm Ø
1 Schrauböse, 5 mm Ø
Minibuchsgirlande
Goldlametta
Naturstrohhalme
Heißkleber

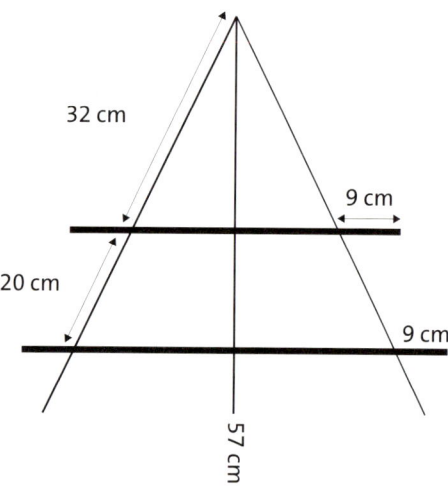

Friesen-Weihnacht

das ausgesägte und bemalte Herz mit Schleifenband befestigt wird. Die Perlen und das Glöckchen hängen Sie an die untere Spitze des Herzens.

Dekorieren Sie den Friesenbaum mit einigen Schleifen und der Buchsgirlande. Das Lametta und die Strohhalme zerschneiden Sie in kleine Schnipsel und mischen beides durcheinander. Es wird auf die mit etwas Kleber eingestrichenen Leisten aufgedrückt.

• **Tipp** •

Um das Bohrloch zu verdecken, sägen Sie drei unterschiedlich große und verschieden bemalte Sterne aus, kleben diese aufeinander und danach auf das Bohrloch.
Für die Bemalung des Stalles nehmen Sie immer zwei bis drei Farbtöne gleichzeitig auf den Pinsel. So entstehen ganz natürliche Schattierungen.

Weihnachtsbäume mal ganz anders

Schäfchenwolken

Vorlagenbogen Seite C

Sanfte Träume von winterlichem Weiß verspricht dieser freundliche Mond inmitten seiner Wolkenherde.

Das wird gebraucht

Fensterbaum
fertig gekauftes dreiarmiges Modell ohne Endkugeln, Höhe 50 cm, weiß bemalt

Motive
Tonkarton weiß
Tonkarton gold
Tonkarton hell blaugrau
Schneefarbe
Schneevlies oder Watte
Decormatt-Farbe
Goldglitzerdraht
1 Beutel Holzperlen weiß, 4 mm Ø
7 Goldperlen, 8 mm Ø
Metallfolie gold
Glittergel gold und silber
Schleifenband, 4 cm breit
Gold- und Silberlametta
Heißkleber

So wird's gemacht

Tauschen Sie die Querstäbe des Fensterbaumes folgendermaßen aus: Den längsten Stab in die Mitte, den kürzesten nach unten und den mittleren nach oben setzen. Den Abschluss jeder Stange bildet ein ausgeschnittener Metallfolienstern. Um die Stäbe wickeln Sie mit Goldglitzerdraht das Schneevlies.

Bevor Sie die beiden Monde deckungsgleich auf die Mittelachse kleben, malen Sie das Auge mit Farbe und die Innenlinien mit Glittergel auf. Erst danach setzen Sie die Mütze auf, deren Bommel und Rand mit Schneefarbe betupft sind. Das Gesicht und die Beine der Schäfchen bemalen Sie hellbeige, den restlichen Körper mit Schneefarbe. Setzen Sie die Schäfchen mit Hilfe einiger Tropfen Heißkleber mittig auf die Wolken. Auf die Wolken ebenfalls Kleber streichen und das Schneevlies daraufdrücken. Zum Korrigieren der Form überflüssiges Material abschneiden oder wegzupfen.

Jetzt können Sie die Schäfchen zwischen den Finger auspendeln und ein Loch durch den Körper stechen; sie werden an einem Band mit aufgefassten Perlen aufgehängt. Unter dem Mond bringen Sie die Schleife zusammen mit dem Lametta an.

Schäfchenwolken

Weihnachtsbäume mal ganz anders

Mini-Fenster-bäumchen

Vorlagenbogen Seite C

Falls Sie nur wenig Platz haben oder lieber einmal eine kleinere und weniger zeitaufwendige Arbeit anfertigen möchten, sind diese Dekorationen gerade das Richtige.

nachtsmann. Den Steckdraht rot bemalen und dann durch die Löcher schieben. Auf die Drähte kleben Sie die Kekse und den Buchs, an den Enden werden die Goldperlen aufgesteckt. Die Minikugeln mit Zwirn anhängen und auch das Glöckchen plus zwei Perlen auf Zwirn auffädeln. Knoten Sie dieses Gehänge in den Bart des Weihnachtsmannes. Nun müssen Sie nur noch das Aufhängeband und die weiße Perle anbringen.

Weihnachtsmann

Das wird gebraucht

Fensterbaum
Blumensteckdraht, 1,5 mm Ø; 6,5 cm, 8,5 cm und 10,5 cm lang
6 Goldperlen, 8 mm Ø

Motive
Sperrholz, 4 mm dick
Decormatt-Farbe
6 Mini-Weihnachtsbaumkugeln
6 Mini-Kekse (zur Herstellung siehe Tipp »Advent, Advent...«, Seite 9)
Buchsgirlande
2 Holzperlen grün, 1 weiß, je 8 mm Ø
1 Messingglöckchen, 15 mm Ø
Zwirnsfaden
Kleber

So wird's gemacht

Bohren Sie an den in der Vorlage gekennzeichneten Stellen Löcher mit 1,5 mm Durchmesser durch den Weih-

Glocke

Das wird gebraucht

Fensterbaum
2 Schaschlikspieße, 13 cm und 15 cm lang
4 Holzperlen grün, 8 mm Ø

Motive
Sperrholz, 4 mm dick
Decormatt-Farbe
Tonkarton rot und grün
4 Holzperlen gold, 8 mm Ø
1 Holzperle grün, 8 mm Ø
4 Mini-Kekse (zur Herstellung siehe Tipp »Advent, Advent...«, Seite 9)
4 Mini-Weihnachtstropfen
1 Messingglöckchen, 15 mm Ø
Schleifenband gold
Glitzerdraht gold
2 Ministernchen rot
Glittergel rot, gold, silber und grün
Kleber

Mini-Fensterbäumchen

Weihnachtsbäume mal ganz anders

So wird's gemacht

Glocke und Schleife doppelt aus Tonkarton schneiden und mit Glittergel verzieren. Den kürzeren Schaschlikspieß zwischen die Schleifen, den längeren zwischen die Glocken kleben. Dabei auch gleich das Glöckchen zwischen die Tonkartonglocken klemmen.

Kekse, Teddies und die anderen Anhängsel auf dem Gerüst befestigen. Ein Stück Glitzerdraht mit aufgefädelten Perlen dient als Aufhängung.

Die Deutsche Bibliothek – CIP-Einheitsaufnahme

Fensterbäume zur Weihnachtszeit : mit Vorlagenbogen / Gabriele Wollenheit . –
Augsburg : Augustus-Verl., 1999 (Ideenkiste)
ISBN 3–8043–0679–9

Das Werk einschließlich aller seiner Teile ist urheberrechtlich geschützt. Jede Verwertung außerhalb des Urhebergesetzes ist ohne Zustimmung des Verlages unzulässig und strafbar. Das gilt insbesondere für Vervielfältigungen, Übersetzungen, Mikroverfilmungen und die Einspeicherung und Verarbeitung in elektronischen Systemen.

Es ist deshalb nicht gestattet, Abbildungen dieses Buches zu scannen, in PCs oder auf CDs zu speichern oder in PCs/Computern zu verändern oder einzeln oder zusammen mit anderen Bildvorlagen zu manipulieren, es sei denn mit schriftlicher Genehmigung des Verlages.

Die im Buch veröffentlichten Ratschläge wurden von Verfasserin und Verlag sorgfältig erarbeitet und geprüft. Eine Garantie kann dennoch nicht übernommen werden. Ebenso ist die Haftung der Verfasserin bzw. des Verlages und seiner Beauftragten für Personen-, Sach- und Vermögensschäden ausgeschlossen.

Jede gewerbliche Nutzung der Arbeiten und Entwürfe ist nur mit Genehmigung von Verfasserin und Verlag gestattet.

Bei der Verwendung im Unterricht und in Kursen ist auf dieses Buch hinzuweisen.

Fotografie: Klaus Lipa, Augsburg
Lektorat: Eva-Maria Müller, Augsburg
Umschlagkonzeption: Kontrapunkt, Kopenhagen
Umschlaglayout: Petra Pawletko, Augsburg
Reihenkonzeption: Kontrapunkt, Kopenhagen
Layout: Anton Walter, Gundelfingen

AUGUSTUS VERLAG AUGSBURG 1999
© Weltbild Ratgeber Verlage GmbH & Co. KG.

Satz: Gesetzt aus 9,5 Punkt The Sans
von DTP-Design Walter, Gundelfingen
Reproduktion: GAV Prepress, Gerstetten
Druck und Bindung: Offizin Andersen Nexö, Leipzig

Gedruckt auf 135 g umweltfreundlich chlorfrei gebleichtes Papier.

ISBN 3–8043–0679–9

Printed in Germany

• Tipp •

Basteln Sie sechs Minibäumchen und hängen Sie diese, anstatt der sonst üblichen Anhängsel, an einen 50 cm großen Fensterbaum.